Les Trois Princesses

À Béa, l'une des dernières vraies princesses.

Les Éditions du Boréal remercient le Conseil des Arts du Canada ainsi que le ministère du Patrimoine et la SODEC pour leur soutien financier.

Dépôt légal : 1er trimestre 2000
Bibliothèque nationale du Québec

Diffusion au Canada : Dimedia
Distribution et diffusion en Europe : Les Éditions du Seuil

Données de catalogage avant publication (Canada)

Merola, Caroline

Les Trois Princesses

(Boréal Maboul)

(Le Monde de Margot ; 6)

Pour enfants de 6 à 8 ans.

ISBN 2-7646-0019-4

I. Titre. II. Collection. III. Collection : Merola, Caroline. Monde de Margot ; 6.

PS8576.E735T76 2000 jC843'.54 C99-941909-9
PS9576.E735T76 2000
PZ23.M47Tr 2000

LE MONDE DE Margot

Les Trois Princesses

texte et illustrations
de Caroline Merola

Boréal Maboul

1

Le Bal du printemps

La plupart du temps, Margot est en pantalon. C'est plus pratique pour courir, sauter ou grimper. Pourtant, bientôt, elle devra faire une exception à cette habitude.

Dans dix jours, le dernier vendredi d'avril, il y aura une grande fête à l'école. Le gymnase sera décoré et on a demandé aux enfants de s'habiller chic. C'est le bal du printemps.

De retour à la maison, Margot retrouve sa mère. Elle lui parle de la fête.

— Tu sais, maman, il faudra que tu m'achètes une robe très longue, jusqu'à terre.

— Es-tu sûre, Margot ? Ta robe de velours peut bien faire l'affaire...

— Maman, tu ne comprends pas ! Il faut être chic, plus chic qu'à Noël ! C'est un bal !

— Eh bien, nous verrons ça, ma poupée.

Margot n'est pas convaincue que sa mère prenne le bal très au sérieux. Mais puisqu'il reste encore dix jours, elle ne s'inquiète pas trop.

Margot a raison de ne pas se faire de soucis. Sa mère sait que ce bal est très important pour sa petite fille. Elle se souvient que, lorsqu'elle-même avait l'âge de Margot, sa propre mère lui avait fait une très jolie robe pour une fête d'école. Elle en garde encore un souvenir merveilleux.

La mère de Margot décide donc de confectionner, à son tour, une robe pour sa fille. Le soir même, et les soirs suivants, quand Margot est endormie, sa maman installe la machine à coudre. Elle taille les tissus, elle les assemble et les coud.

Soir après soir, la robe de bal prend forme sans que Margot en sache rien.

La semaine a passé.

La veille du bal, après le souper, Margot est désespérée. Elle est persuadée que ses parents ont oublié la robe. Elle ne pourra pas assister au bal. Sa mère vient alors la trouver, l'air mystérieux. Elle cache derrière son dos une grande boîte de carton.

— Regarde, Margot, ce que ton père a découvert devant la porte. Il est écrit sur le dessus : « Princesse Margot ». C'est sûrement pour toi.

Comment ? Un cadeau pour elle ? Margot ne comprend pas.

Elle ouvre la boîte, soulève les papiers de soie.

Elle découvre alors une robe magnifique, longue, taillée dans un satin doux et brillant.

Les manches sont transparentes comme les ailes d'une libellule. Quatre gros boutons, tous différents, ornent le pourtour du col.

Margot est toute rose de joie. Elle se dépêche d'enfiler sa robe. Elle se sent belle comme une princesse.

Elle serre sa maman dans ses bras.

— Oh, merci ! Merci, ma douce maman ! Tu n'avais pas oublié !

Margot est enchantée, mais elle ne peut pas s'empêcher de demander :

— Maman, pourquoi les boutons ne sont-ils pas pareils ?

— Eh bien, je trouvais que c'était joli. Ce sont des boutons très anciens. Ma mère me racontait qu'ils avaient déjà appartenu à une vraie princesse. Il y en a un pour chacune de tes belles qualités, Margot. Le bleu pour ton imagination débordante, le plus petit pour ta douceur, le jaune pour ta détermination et celui-ci, tout carré, pour ta gentillesse.

Avant de se coucher, Margot dépose la robe au pied de son lit. Elle ne tarde pas à s'endormir, le sourire aux lèvres.

2

Une princesse égarée

Le lendemain matin, Margot se lève la première. Elle met tout de suite sa belle robe et ses souliers. Elle est impatiente d'aller à l'école, ce qui arrive très rarement.

Margot danse au milieu du salon. Ses trois frères font irruption dans la pièce. Eux aussi se sont bien habillés, mais comme pour un jour de fête, sans plus. En voyant leur sœur tournoyer joyeusement, ils se moquent d'elle.

— Eh, Margot ! Tu t'es déguisée pour l'halloween, ou quoi ? lance Pierre.

— Tu sais, Margot, ajoute Jean, c'est pas

un bal costumé à l'école. C'est rien qu'une fête !

— C'est la princesse Margot, la reine des cocos ! chante Jacques.

— Cocos vous-même, réplique Margot. Je m'habille comme je veux. Et j'ai le goût d'être chic.

Sur le chemin de l'école, les choses se compliquent. Chaque enfant qui croise Margot la regarde d'un air étonné. Léa la frisée se met à rire et les jumelles Brisebois lui disent :

— Mon Dieu, Margot, tu es habillée comme la Belle au bois dormant ! Penses-tu rencontrer le Prince charmant ?

Maintenant, Margot a peur d'aller à l'école. Elle n'ose pas non plus retourner à la maison. Elle ne veut pas décevoir sa mère qui a travaillé si fort.

Margot décide de passer par le parc. C'est plus long, mais au moins elle ne croisera personne. Et peut-être retrouvera-t-elle le courage de se rendre à l'école.

Le parc longe la rivière. À certains endroits, les arbres sont si nombreux que leur feuillage laisse à peine passer la lumière.

Margot se réfugie à l'ombre d'un des grands arbres. Elle dépose son sac sur l'herbe et s'assoit sur une roche.

— Moi qui avais tellement hâte d'aller au bal du printemps, songe-t-elle. Maintenant, j'ai juste envie que la journée soit finie.

Les larmes lui montent aux yeux. Toute à son malheur, elle ne voit pas une petite fille blonde s'approcher d'elle. La fille lui touche l'épaule du doigt. Margot sursaute.

— Bonjour, mademoiselle, dit l'inconnue. Ma sœur et moi aimerions savoir où nous sommes exactement...

Margot la regarde, les yeux ronds. La petite fille porte une longue robe rouge et or, brodée de motifs compliqués. Et, surtout, ses poignets et son cou sont ornés de vrais bijoux.

Margot est tout heureuse de voir qu'elle n'est pas la seule à s'être déguisée en princesse, aujourd'hui. Pourtant, la fille n'est pas une élève de son école.

— Tu viens au bal du printemps ? demande Margot.

— Il y a un bal ? Oh, non, pas de bal pour nous. Nous sommes bien trop tristes. Dis-nous seulement où nous nous trouvons, et nous allons repartir.

Tout en parlant, la fille a levé les yeux vers le ciel. Margot suit son regard. Elle croit rêver !

Un énorme ballon jaune dépasse la cime des arbres. Un peu plus bas, un grand panier est suspendu au ballon. Une autre jeune princesse est à bord. Une échelle de corde pend jusqu'au sol.

Margot est émerveillée. Les sœurs blondes se seraient-elles donc perdues en ballon ?

3

La tête dans les nuages

Margot explique à l'inconnue dans quel quartier elle et sa sœur ont atterri. La pauvre petite semble découragée.

— Nous sommes allées beaucoup trop loin, dit-elle. Nous sommes perdues.

Margot l'interrompt :

— Laissez-moi monter avec vous ! Je connais toutes les rues du voisinage. Je vous guiderai !

C'est un mensonge, Margot connaît à peine quelques rues autour de sa maison. Mais elle dirait n'importe quoi pour monter en ballon.

— Ma pauvre amie, dit la petite fille blonde, il ne s'agit pas de rues ou de chemins. Mais de lacs et de rivières, de montagnes et de forêts !

Margot est impressionnée.

— Vous venez donc de si loin ?

La fille n'a pas entendu la question. Sa grande sœur, impatiente, l'appelle du haut de son ballon :

— Alors, Camille ? Où sommes-nous ? Approchons-nous ?

Elle fixe Margot d'une façon étrange. Elle lance à sa sœur :

— Camille, qui est donc cette jeune fille ? Demande-lui de monter dans la nacelle. J'aimerais la voir de plus près.

Margot ne se fait pas prier. Elle passe devant Camille et agrippe l'échelle de corde. Pour le moment, elle ne pense pas au danger.

Une fois tout le monde à bord, l'aînée examine Margot en détail. Son attention est surtout attirée par les quatre boutons fantaisistes cousus à sa robe.

— Qui t'a donné ces boutons ? Qui es-tu ?

— Je m'appelle Margot. Je vais à l'école. Et vous, qui êtes-vous ? Vos parents vous ont laissées partir toutes seules ?

— Nous sommes les princesses Camille et

Madeleine. Les deux filles de la reine Mathilde. Nous n'avons plus de père. Notre petit frère Hugo a été enlevé par le Prince des Eaux. Nous voulons le libérer.

Margot est tout étourdie.

— Comment ? Vous êtes de vraies princesses ? Mais…

— De toute façon, poursuit Madeleine, tu vas venir avec nous. Je ne sais pas par quel prodige, mais tu as les quatre boutons merveilleux. Grâce à toi, nous avons enfin le moyen de retrouver notre petit frère.

Margot sourit :

— Pauvre de toi ! Ce ne sont pas des boutons magiques ! Ils sont vieux, c'est tout. C'est ma mère qui les a cousus à ma robe.

— Comme c'est étrange ! s'étonne Madeleine. Mais ça ne fait rien. Nous verrons cela en route.

Camille et Madeleine défont rapidement les liens qui retenaient la montgolfière aux arbres. Doucement, le ballon s'élève dans les

airs, frôlant les branches et les feuilles. Quelques instants plus tard, il survole déjà la rivière.

Margot est ravie. C'est une sensation extraordinaire. Elle voit au loin les maisons minuscules, les clochers des églises. Vue d'en haut, la rivière paraît si longue et si mince !

Margot se sent bien avec ses nouvelles amies. Elle s'imagine racontant son aventure en ballon à ses frères. Elle ne songe plus au bal.

4

Les boutons magiques

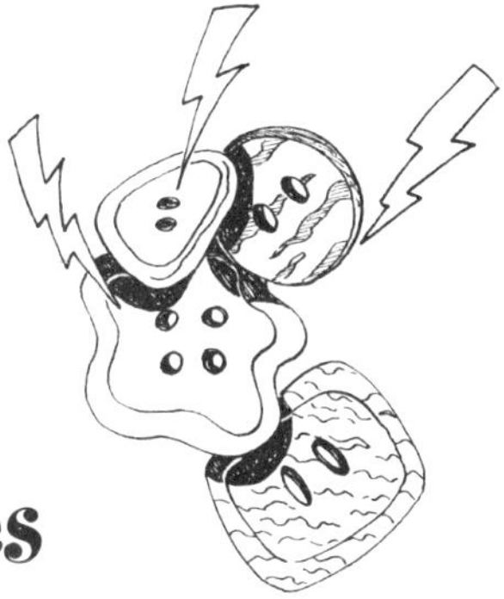

Le ballon s'éloigne déjà de la ville. Margot se dit qu'elle aurait peut-être dû parler à ses parents avant de partir aussi loin.

Elle se tourne vers Madeleine :

— Il faudrait que je retourne chez moi, maintenant.

Madeleine la regarde, étonnée.

— Mais, Margot, tu n'as donc pas compris ? Tu viens avec nous à l'île aux Mille Coraux, là où se trouve notre petit frère Hugo.

— Il n'y a que toi qui puisses nous aider, ajoute Camille.

Margot ne comprend pas.

— Moi, je peux vous aider ? Vous êtes certaines ?

— Bien sûr, puisque les quatre boutons merveilleux t'appartiennent. Tu es la seule à pouvoir faire agir le charme. C'est bizarre que tu ne sois pas au courant.

Margot se souvient alors de ce que lui a dit sa mère. Les boutons représentent chacun une qualité. Mais quel est le lien avec le charme dont parlent les deux princesses ? Rien ne prouve qu'ils soient réellement magiques.

Soudain, Camille s'agite. Elle s'écrie :

— Là-bas, là-bas ! J'aperçois la forêt d'épines. C'est ici que nous avons dû perdre notre chemin.

— Attention ! prévient Madeleine. Nous approchons. Margot, prépare-toi.

Le ballon descend lentement vers l'étrange forêt. Margot regarde en bas.

Ce ne sont pas des arbres qui peuplent cette forêt, mais d'immenses rosiers, aux terribles épines.

Madeleine se tourne vers Margot.

— Vas-y ! À toi de jouer !

Margot la regarde, étonnée.

— Hein ? Quoi ? Qu'est-ce que je dois faire ?

— Mais je ne sais pas, s'énerve Madeleine. C'est toi qui as les boutons magiques. Fais quelque chose, et vite ! Sinon nous allons nous écraser sur les rosiers géants !

Margot panique. Elle ne sait pas comment fonctionne la magie ! Tout à coup, elle pense au petit bouton rose de la douceur.

Elle l'arrache de sa robe et le lance par-dessus bord.

Quelque chose de merveilleux se produit alors : la sombre forêt d'épines se transforme d'un coup en un accueillant champ de marguerites.

Margot croit rêver !

— Bravo, Margot ! s'exclame Madeleine. Je savais que tu réussirais. Maintenant nous pouvons nous poser sans danger.

Aussitôt à terre, les trois petites filles sortent de la nacelle.

— Il faut chercher l'entrée du souterrain, dit Madeleine. Elle devrait se trouver derrière l'un des rochers, là-bas.

Margot retient l'aînée des sœurs :

— Où allons-nous ? Est-ce dangereux ?

— Je te l'ai dit, Margot, nous allons chercher notre petit frère, prisonnier du Prince des Eaux.

— Mais qui te dit que nous pourrons le ramener ? Le Prince est peut-être méchant ?

— Oh, oui, très méchant ! Depuis trois jours tous les gardes envoyés par ma mère ont échoué. Le Prince des Eaux les a transformés en poissons. Mais grâce à tes boutons, Margot, nous réussirons. Ne crains rien, les boutons nous protègent.

5

Le pays des Eaux

Margot est loin d'être rassurée. Elle hésite à suivre les deux sœurs. Puis, elle pense au petit Hugo et au courage de Camille et de Madeleine. Elle pense aussi aux trois boutons qui lui restent. Elle se sent plus forte.

Elle finit par prendre la main de Madeleine. Toutes trois se dirigent vers les gros rochers qui bordent le champ de marguerites.

Arrivées au pied des rochers, les deux petites sœurs se séparent. Elles examinent les alentours, fouillent les buissons. Margot les observe, silencieuse.

Madeleine se désespère :

— C'est impossible, nous n'avons pas pu nous tromper !

— Moi je sais, annonce Camille. Je sais ce qui s'est passé ! Le Prince des Eaux a fait tomber ce rocher par-dessus l'entrée du souterrain, pour nous empêcher de le trouver. Regardez ! On aperçoit ici la première marche.

— Nous ne pourrons jamais soulever ce gros rocher, soupire Margot.

— Il n'y a qu'une solution, dit Madeleine. Sers-toi d'un de tes boutons, Margot.

Margot, curieuse du résultat, lance son bouton jaune de la détermination sur le rocher. Encore une fois, le charme opère aussitôt.

Le lourd rocher se transforme en une

énorme brioche dorée. Margot n'en croit pas ses yeux ! Ni ses narines…

La brioche sent délicieusement bon. Margot s'approche pour en prendre une bouchée. Camille l'en empêche.

— N'y goûte pas, Margot ! On ne sait jamais, avec la magie. La brioche pourrait redevenir pierre une fois dans ton ventre.

Margot est déçue.

Les princesses poussent la grosse brioche et dégagent l'entrée du souterrain. Les trois filles descendent bravement les marches de pierre.

— Vous êtes sûres du chemin ? s'inquiète Margot.

— Oui, répond Camille. J'entends déjà le ruissellement de la rivière Noire.

— La rivière Noire ? répète Margot.

Madeleine explique :

— Nous devons la traverser pour arriver à l'île aux Mille Coraux.

Margot et les deux sœurs s'engagent dans le sombre tunnel. Les murs sont humides et couverts de mousse verte. Une tenace odeur de poisson baigne l'endroit.

Au bout d'une centaine de pas, le tunnel s'ouvre sur un incroyable et immense paysage. Aucun arbre, aucune fleur. Rien que des cailloux et de pâles coquillages. Une morne rivière coule sous la haute voûte de pierre.

Camille chuchote à l'oreille de Margot :

— Voici le pays du Prince des Eaux. Là-bas, au milieu de la rivière Noire, c'est son île. Et, au milieu de l'île, son château.

Margot distingue en effet une étrange construction, faite de galets et de coquillages. Quelques ouvertures laissent filtrer la lumière. Il y a donc des gens qui habitent là ? Margot pense au pauvre petit frère ! Elle oublie ses craintes.

Elle demande à ses amies :

— Comment allons-nous faire pour traverser la rivière ?

Margot n'a pas terminé sa phrase qu'un affreux, un énorme poisson sort sa tête hors de l'eau, l'air mauvais. Il fixe les petites filles de ses gros yeux globuleux.

— Mon Dieu ! souffle Camille. Le Prince des Eaux !

6

Le troisième bouton

Les deux princesses n'en mènent pas large. Margot, elle, est plus étonnée qu'apeurée.

Le poisson esquisse un méchant sourire. Il leur dit :

— Ainsi, vous m'avez fait l'affront de venir jusqu'ici. Vous croyez peut-être que je vais vous laisser repartir ? Avec votre petit frère en prime ? C'est bien mal me connaître ! Ha ! Ha ! Ha !

Son rire est effrayant. Madeleine prend la parole en tremblant :

— Prince des Eaux, notre mère ignore que

nous sommes ici. Elle pleure depuis trois jours. Que pouvons-nous vous offrir en échange de notre petit frère ?

— Il n'y a qu'une chose que je désire. Si la reine Mathilde veut revoir son fils, qu'elle m'épouse !

Les deux sœurs se regardent, horrifiées. Le Prince tourne son regard vers Margot :

— Et toi, qui es-tu ? Une petite cousine ?

— Je… je m'appelle Margot. Je viens d'un autre pays.

— Tu aurais mieux fait d'y rester, ma belle !

Margot trouve le Prince des Eaux bien effronté. Elle se dit qu'après tout ce n'est qu'un poisson. Aussi gros et laid qu'il soit, il ne peut pas vraiment leur faire de mal. Elle s'arme de courage et dit :

— Vous êtes bien méchant, Prince des Eaux, d'enlever un petit garçon et de faire pleurer une reine.

Le Prince des Eaux s'étouffe de colère.

— Comment ! Tu... tu oses me parler sur ce ton !

Il s'approche alors des petites filles en ouvrant lentement sa gueule, comme s'il voulait les manger.

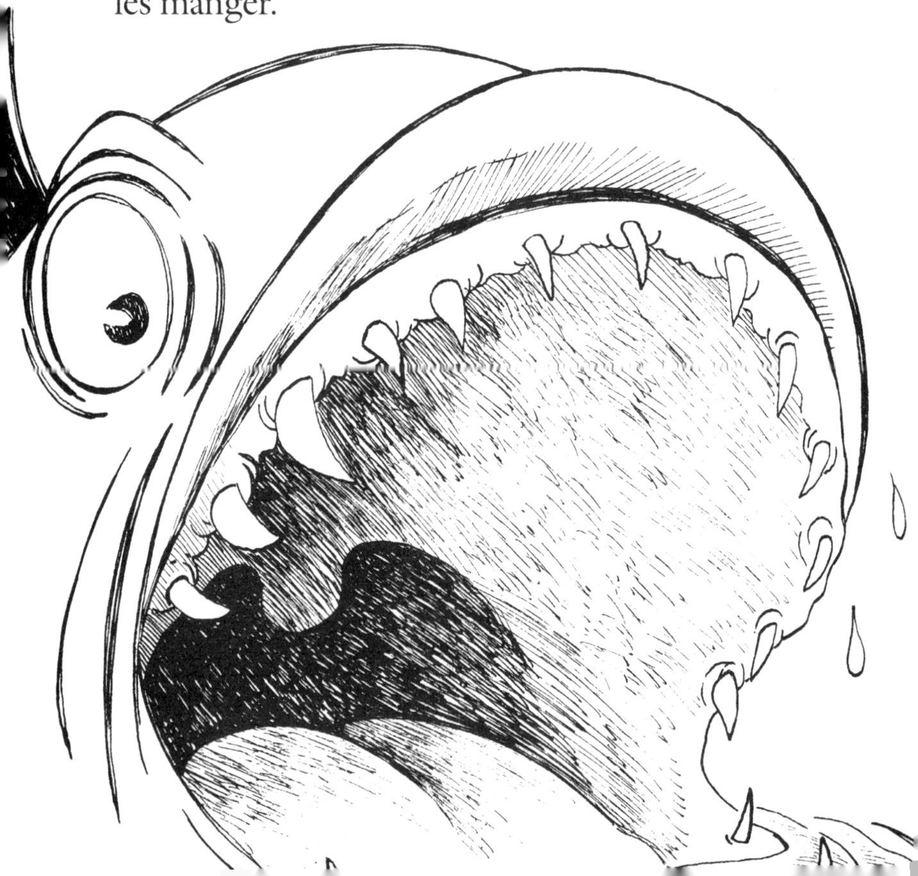

Les deux sœurs regardent Margot d'un air affolé. Camille s'exclame :

— Mon Dieu, Margot ! Excuse-toi ! Tu ne sais pas de quoi le Prince est capable.

Mais Margot continue. Elle a son idée.

— La méchanceté, ça ne profite jamais. On a beaucoup plus d'amis quand on est gentil et qu'on fait le bien.

En disant ces mots, Margot tire sur son bouton carré. Elle le lance dans la gueule du poisson.

— Voilà pour toi ! Le bouton de la gentillesse. C'est le plus beau cadeau qu'on puisse te faire !

À peine le bouton a-t-il touché la langue du gros poisson que son regard s'éclaire. Son corps se transforme. Il ressemble maintenant à un gentil dauphin. Il reste abasourdi un moment. Puis il se secoue :

— Que… Que s'est-il passé ? J'ai l'impression de me réveiller d'un mauvais rêve… Qui êtes-vous, mesdemoiselles ?

Sa voix s'est adoucie. Toute son expression a changé. Les princesses se regardent, ébahies.

— Est-ce possible, Margot ? La magie opère aussi sur les êtres ? Sans perdre un instant, Margot explique toute l'histoire au Prince des Eaux. Le prince baisse les yeux, honteux.

— Comment pourrais-je jamais me faire pardonner ? Je vais réparer mes erreurs.

Montez toutes les trois sur mon dos. Nous allons chercher le petit Hugo.

L'une après l'autre, les petites filles s'assoient sur le dos mouillé du dauphin. Puis, à demi immergé, le Prince des Eaux emmène les deux princesses et Margot.

7

Les boutons d'or

Les voilà sur l'autre rive ; tout le monde descend. Camille et Madeleine sont impatientes de retrouver leur petit frère. Elles courent le chercher dans la grande chambre du premier.

Le petit Hugo dort comme un angelot dans son lit de coquillages.

Madeleine l'enveloppe délicatement dans sa couverture et le serre contre elle. Elles s'empressent toutes trois de redescendre l'escalier.

Le Prince des Eaux les attend. Il leur dit :

— Votre frère a été bien soigné. Il a été nourri d'algues et de lait de baleine les trois jours qu'il a passés ici. Il a même pris des couleurs. Vous direz à votre mère que j'irai la voir demain pour m'excuser de tout le mal que j'ai fait.

Il ajoute :

— Si vous voulez remonter sur mon dos, je vais vous ramener de l'autre côté.

— Inutile, répond Margot. Il me reste encore un bouton magique. C'est celui de l'imagination. Si nous pensons bien fort à retourner chez nous, la magie nous y mènera plus vite qu'à pied.

— Ou qu'en ballon, sourit Camille.

— Vous avez raison, dit le Prince. Mais avant, je voudrais te donner quelque chose, petite. Approche, Margot. Donne-moi ta main.

Margot s'avance. Le Prince des Eaux ouvre sa nageoire et laisse tomber au creux de la main de Margot cinq magnifiques boutons d'or.

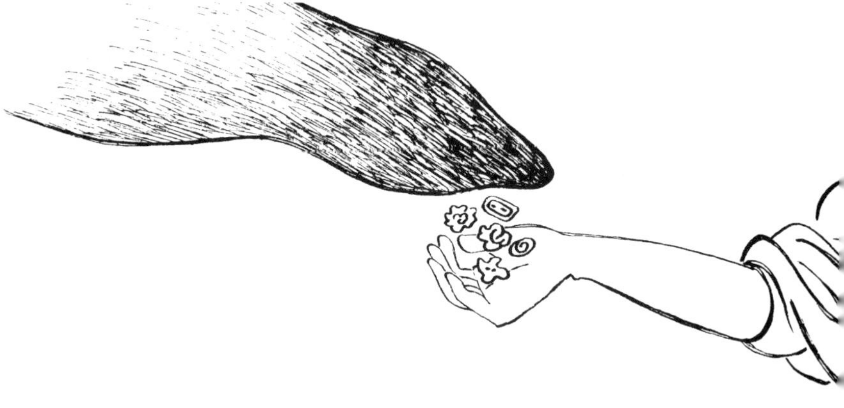

— Ils remplaceront ceux que tu as sacrifiés, jolie Margot. Ils ne sont pas magiques, mais il y en a un pour chacune de tes belles qualités. Le cinquième représente le courage. L'une des qualités des vraies princesses.

— Merci, Prince des Eaux ! Au revoir !

Margot met les boutons dorés dans l'une de ses poches. Les deux princesses et le petit frère endormi se sont rapprochés d'elle.

Margot arrache le dernier bouton de couleur de sa robe et le lance au-dessus de leurs têtes. Elle pense de toutes ses forces à sa famille.

Margot garde un long moment les yeux fermés. Soudain, il lui semble sentir un air différent, plus doux, plus parfumé. Elle se décide à rouvrir les yeux.

Elle n'est pas de retour chez elle, mais dans le grand parc d'où elle était partie en ballon. Son sac d'écolière est à ses pieds.

— Qu'est-ce qui s'est passé ? Est-ce que j'ai rêvé ? se demande-t-elle.

Margot plonge la main au fond de sa poche. Les boutons en or ne sont plus là ! Elle regarde sur sa robe. Cinq gros boutons dorés ont miraculeusement remplacé les anciens.

Margot est tout heureuse. Elle ramasse son

sac d'écolière. Maintenant, elle n'a plus aucune crainte d'aller à la fête. Une petite fille qui a su affronter le Prince des Eaux n'a pas peur qu'on se moque d'elle.

D'ailleurs, Margot se trouve très belle dans sa robe de bal. Elle se demande seulement comment elle expliquera à sa mère de quelle façon les boutons de couleur sont devenus dorés…

C'est quoi, Maboul ?

Quand tu commences à lire, c'est parfois difficile.

Avec **Boréal Maboul,** ça devient facile.

- Tu choisis les séries qui te plaisent.
- Tu retrouves tes héros favoris.
- Les histoires sont captivantes.
- Les chapitres sont courts.
- Les mots et les phrases sont simples.
- Les illustrations t'aident à bien comprendre l'histoire.

Les Éditions du Boréal
4447, rue Saint-Denis
Montréal (Québec) H2J 2L2
www.editionsboreal.qc.ca

MISE EN PAGES ET TYPOGRAPHIE :
LES ÉDITIONS DU BORÉAL

ACHEVÉ D'IMPRIMER EN FÉVRIER 2000
SUR LES PRESSES DE L'IMPRIMERIE AGMV MARQUIS
À CAP-SAINT-IGNACE (QUÉBEC).